Hilda

Vom Leben einer Nonne im Mittelalter

Illustration Robert Voss
Text Anja Preiß
Gestaltung Ulrike Meyer
Herausgeber Kloster Ebstorf

Wir danken unseren Freunden und Förderern für ihre Unterstützung und ihre finanziellen Zuwendungen.

Singgruppe „NETTE BEGEGNUNG"

im Frauenchor Ebstorf

Alle großen und kleinen Spenden haben zum Gelingen des Buches beigetragen.

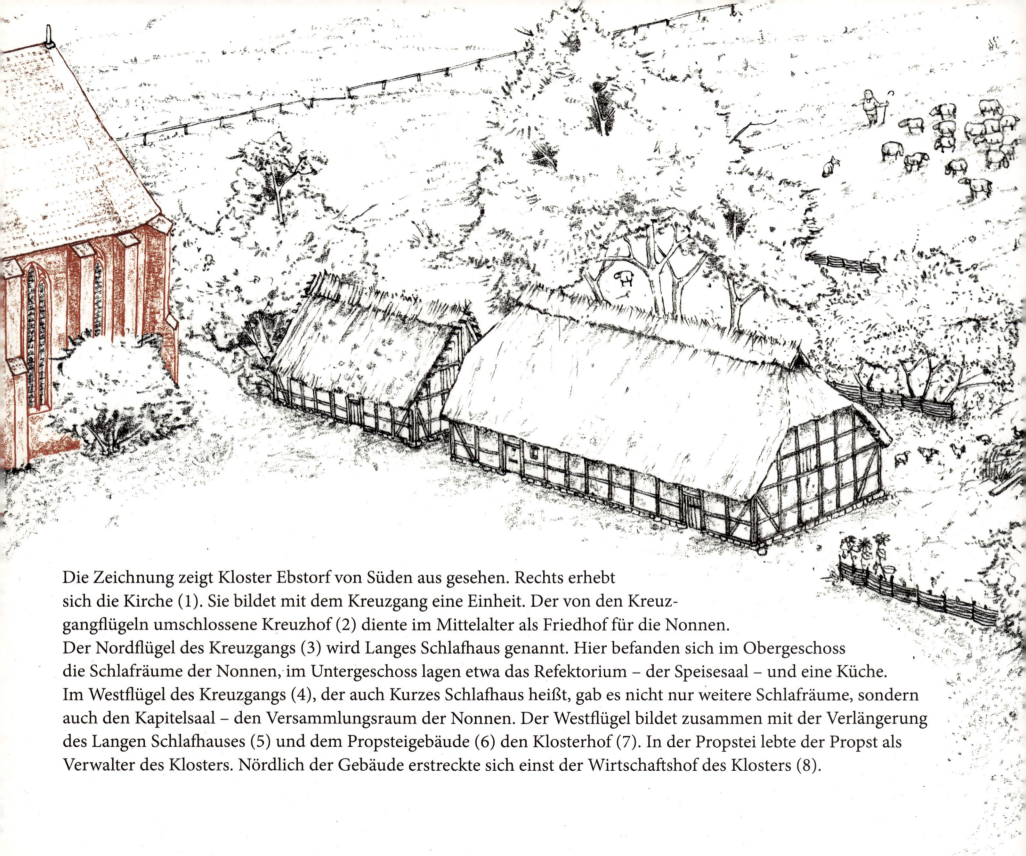

Die Zeichnung zeigt Kloster Ebstorf von Süden aus gesehen. Rechts erhebt sich die Kirche (1). Sie bildet mit dem Kreuzgang eine Einheit. Der von den Kreuzgangflügeln umschlossene Kreuzhof (2) diente im Mittelalter als Friedhof für die Nonnen. Der Nordflügel des Kreuzgangs (3) wird Langes Schlafhaus genannt. Hier befanden sich im Obergeschoss die Schlafräume der Nonnen, im Untergeschoss lagen etwa das Refektorium – der Speisesaal – und eine Küche. Im Westflügel des Kreuzgangs (4), der auch Kurzes Schlafhaus heißt, gab es nicht nur weitere Schlafräume, sondern auch den Kapitelsaal – den Versammlungsraum der Nonnen. Der Westflügel bildet zusammen mit der Verlängerung des Langen Schlafhauses (5) und dem Propsteigebäude (6) den Klosterhof (7). In der Propstei lebte der Propst als Verwalter des Klosters. Nördlich der Gebäude erstreckte sich einst der Wirtschaftshof des Klosters (8).

Die Geschichte der jungen Nonne Hilda, die in diesem Buch erzählt wird, spielt vor mehr als 500 Jahren im Kloster Ebstorf. Zu dieser Zeit lebten hier zwischen 80 und 100 Nonnen. Noch heute stehen die Gebäude, in denen sie gemeinsam beteten, arbeiteten und wohnten. Sie anzuschauen lohnt sich sehr. Und mit diesem Buch wird es möglich, einen Blick in die Vergangenheit hinter den Klostermauern zu werfen. Hildas Geschichte füllt die Räume des Klosters mit Leben, so wie es im Mittelalter dort stattgefunden hat.

Vor mehr als 800 Jahren gründete ein Graf aus Dannenberg mit dem Namen Volrad von Bodwede das Kloster in Ebstorf. Zuerst wohnten dort für kurze Zeit Mönche, dann aber zogen Nonnen ein. Es waren Benediktinerinnen – so nennt man die Nonnen, die wie die Benediktinermönche bis heute nach der Regel des heiligen Benedikt von Nursia leben, wie er sie vor etwa 1500 Jahren festgelegt hat. Diese Regel besteht aus Vorschriften, die bestimmen, wie das Leben in den Klöstern seines Ordens aussehen soll. Über Jahrhunderte richteten sich auch die Nonnen im Kloster Ebstorf nach diesen Vorschriften, die jedem Tag einen ganz festen Ablauf gaben: wann für die Nonnen der Tag begann, wie oft sie zum Gebet gehen sollten und welche Lieder sie zu den Gebetszeiten sangen, wie lang sie arbeiten mussten, wann sie Zeit zum Lesen und Erholen hatten und was sie essen durften.

Ein derart geregelter Ablauf bringt Ruhe in den Tag. Nur in dieser Ruhe, meint Benedikt, kann man sich gut auf den Weg machen, Gott zu suchen, und ihm dann immer näher kommen. Auf diesen Weg macht sich in diesem Buch auch die Nonne Hilda. Die Geschichte berichtet, wie Hilda schon als kleines Mädchen in das Kloster Ebstorf aufgenommen wird, von ihrer Schulzeit dort, vor allem aber vom Lebensalltag der Nonne. Was passierte alles an einem Tag zwischen dem Aufstehen und Zu-Bett-Gehen, wie sah das Leben einer Nonne im Mittelalter aus? Auf diese Fragen möchte das Buch Antworten geben – so, dass es auch Kinder verstehen.

Viel Freude beim Lesen!

Äbtissin Erika Krüger

och ist es nicht richtig hell, aber die Luft riecht schon jetzt nach einem Sommertag voller Sonne und Wärme. Hilda schaut aus dem Wagen heraus und atmet die wunderbare Luft tief ein. Sie blickt noch einmal zurück auf ihre Heimatstadt Lüneburg. Die Kirchtürme der Stadt werden immer kleiner, bis sie ganz verschwunden sind. Hilda fühlt sich traurig, aber sie merkt auch, dass sie sehr aufgeregt ist. Sie kennt dieses Kribbeln im Bauch, wenn vor ihr etwas Unbekanntes liegt. Denn heute Morgen hat sie sich von ihrem Zuhause verabschiedet und ist mit ihren Eltern und zwei Geschwistern aufgebrochen.

Ihr Weg führt nach Ebstorf. Es ist der Wunsch von Hildas Eltern, dass ihre Tochter in das dortige Kloster eintritt. So allein, ohne ihre Familie, das kann sich Hilda nur schwer vorstellen. Gut, dass sie jetzt alle noch zusammen sind. Hilda lehnt sich zurück und nimmt die Hand ihrer Mutter. Sie drückt sie ganz fest und versucht, noch etwas zu schlafen. Doch sie ist unruhig. Immer wieder fragt sie sich, wie das Leben im Kloster werden wird.

Die Räder des Wagens rumpeln über die Wege, vorbei an Wäldern, die Hilda unendlich groß erscheinen. Goldgelbe Getreidefelder ziehen an ihnen vorüber. Allmählich kommen sie Ebstorf näher. Eine Herde Kühe weidet auf einer saftig grünen Weide, nebenan tummeln sich Schafe und kleine Lämmchen. Aus Körben schwärmen Bienen aus, die Nektar und Pollen für den Honig sammeln. Hilda sieht eine Mühle, große Bauernhöfe und Gemüsegärten. Dazwischen liegen immer wieder Fischteiche. Endlich erreicht der Wagen das Kloster. Er biegt in den Wirtschaftshof ein. Zwischen den Gebäuden wimmelt es von Menschen, die für das Kloster arbeiten und für die etwa 80 bis 100 Nonnen sorgen. In den Scheunen wird das Getreide von den Feldern gelagert – nicht nur für Brot, sondern auch für all die Tiere, die versorgt werden müssen. Ihre Ställe reihen sich auf dem Hof aneinander. Daneben lagert Holz aus den Wäldern, die dem Kloster gehören. Auf den Wirtschaftshof werden aber auch Obst und Gemüse aus den Gärten, Fische aus den Teichen und Honig geliefert. Hilda staunt über all das Treiben. In diesem Moment hält der Wagen vor dem Eingang zum Kloster.

Dort wartet auf Hilda, ihre Eltern und Geschwister ein Mann. Er begrüßt sie und stellt sich als Propst Matthias vor. Der Propst leitet und schützt das Kloster und seine Besitzungen. Alle Arbeiten, die zum Beispiel auf dem Wirtschaftshof anfallen, werden von ihm kontrolliert. Außerdem muss Propst Matthias für diejenigen sorgen, die im Dienst des Klosters stehen. Zu ihnen gehören auch die beiden Knechte, die jetzt eine schwere Eichentruhe aus dem Wagen heben. Die Schnitzereien auf ihrem Deckel geben Auskunft, woher Hilda kommt. Sie ist die Tochter einer bekannten und reichen Lüneburger Adelsfamilie. Hilda wird viele Nonnen im Kloster treffen, die aus solchen angesehenen Familien stammen. Sie alle brachten kostbare Schätze mit, die sie dem Kloster übergaben. Dazu gehörten Dinge aus edlen Materialien wie Gold, Silber, Elfenbein und Perlmutt. Aber die Familien schenkten dem Kloster oft noch mehr, nämlich auch Felder und Waldflächen, ja sogar ganze Höfe und Weinberge.

Als Hilda nun im Empfangsraum des Klosters steht, öffnet sich eine Tür. Hilda ist überrascht, denn als erstes huscht eine kleine Katze hindurch. Schnurrend umstreicht sie ihre Beine. Auf die Katze folgt Priorin Dorothea. Sie ist die Leiterin des eigentlichen Klosters und steht an der Spitze aller Nonnen, die zusammen auch Konvent genannt werden. Die Priorin tritt zu Hilda und spricht mit ruhiger, sanfter Stimme zu ihr. Nun ist der Moment gekommen, der Hilda in der Kutsche immer wieder traurig gemacht hat. Sie muss sich von ihrer Familie verabschieden. Selten wird sie ihre Lieben in den nächsten Jahren sehen können und auch nur dann, wenn sie zu Besuch kommen, denn Hilda darf das Kloster nicht mehr verlassen. Und wenn Hilda später eine richtige Nonne ist, darf sie mit ihrer Familie nur noch sprechen. Dabei sitzen sie nicht gemütlich zusammen, sondern müssen stehen und reden durch ein Gitter, das sie voneinander trennt. Dort, wo die Nonnen leben, in der sogenannten Klausur, hat die Familie nämlich keinen Zutritt.

Hilda ist noch ein Kind, als sie mit gerade sechs Jahren in das Kloster kommt. Ihre Eltern haben diese Entscheidung getroffen, denn es ist sehr teuer, die Töchter zu verheiraten. So werden viele der Mädchen schon im Kindesalter zwischen fünf und sieben Jahren in Klöster gegeben. Es ist genau das Alter, in dem man in die Schule kommt. Und darauf freut sich auch Hilda. In den nächsten Jahren lernt sie in der Ebstorfer Klosterschule das Lesen, Schreiben, Rechnen und Singen. Aber die jungen Mädchen im Kloster, die man später, bevor sie Nonnen werden, auch Novizinnen nennt, lesen keine deutschen Texte oder singen Lieder in deutscher Sprache. Sie lesen und singen in lateinischer Sprache. Oh, wie muss sich Hilda anstrengen, dieses Latein wirklich zu verstehen!

Hilda gewöhnt sich bald an das Leben im Kloster. Sie ist immer in einer großen Gemeinschaft, in der sie sich wohlfühlt. Jede Nonne und jede junge Novizin hat ihre festen Aufgaben, die sie zu bestimmten Zeiten am Tag erledigen muss. Eine ihrer wichtigsten Aufgaben ist das Beten. Siebenmal am Tag kommen alle Schwestern, wie die Nonnen und Novizinnen sich nennen, dafür zusammen. Sie beten zum Lob Gottes, und sie bitten Gott in ihren Gebeten, dass er ihnen gnädig sei, sie vor Krankheiten und Seuchen, Not, Krieg und vor Unwettern beschützen möge und dass genug auf den Feldern wächst. Die Schwestern beten aber auch für ihre Familien, für all diejenigen, die dem Kloster Geschenke gemacht haben, und für die schon verstorbenen Nonnen des Klosters.

Nachdem Hilda sieben Jahre die Klosterschule besucht hat, lebt sie drei Jahre als Novizin im Konvent, bis sie im Alter von 16 Jahren eine richtige Nonne wird. In einer besonderen Feier – der Nonnenkrönung – legt Hilda ein Versprechen ab. Sie schwört dabei, dass sie in Armut leben wird, dem Orden und der Priorin immer gehorsam ist und ihr Leben allein lebt, ohne einen Mann und eigene Kinder. Zum Zeichen, dass Hilda mit diesem Versprechen auf ewig mit dem Kloster und mit Gott verbunden ist, bekommt sie an diesem Tag ein besonderes Gewand, eine Krone, einen Schleier und einen Ring überreicht. Es ist doch ein bisschen wie eine Hochzeit. Nur ist Hilda keine gewöhnliche Braut, sondern sie ist eine Braut, die ganz für Jesus Christus da sein und ihm nachfolgen möchte. Und Hilda bekommt noch etwas an diesem Tag: ein eigenes Zimmer – eine Zelle im großen Schlafhaus.

Hilda schreckt aus ihrem Schlaf auf. Ist die Glocke, die sie weckt, heute denn lauter als an anderen Tagen? Oder hat sie besonders tief geschlafen nach dem anstrengenden Tag gestern? Nur für ein paar Minuten schließt Hilda noch einmal die Augen und genießt die Wärme unter ihrer Decke. Dann steht sie schnell auf. Es ist sehr früh am Morgen, die Welt wird noch ganz vom Dunkel der Nacht eingehüllt.

Hilda muss sich erst einmal an ihre eigene Zelle gewöhnen. Vorher schlief sie mit allen Novizinnen in einem großen Raum. Hilda war also nie allein, selbst beim Schlafen nicht. Sie merkt jetzt, wie schön es ist, wieder einen Raum für sich zu haben. Die Zelle ist nicht groß. Dicht zusammengedrängt stehen darin ein Bettgestell, auf dem ein mit Stroh gefüllter Sack liegt, eine Kniebank zum Beten und ein Schemel zum Sitzen. Auf dem Tisch brennt eine Kerze, sie beleuchtet spärlich den Raum. An der Wand hängen ein Kreuz und ein kleines Bild, das den Jesusknaben auf dem Arm seiner Mutter Maria zeigt. Davor spricht Hilda ihre persönlichen Gebete. Für einen Schrank ist allerdings schon kein Platz mehr in der Zelle. Er muss auf dem Flur des langen Schlafhauses stehen.

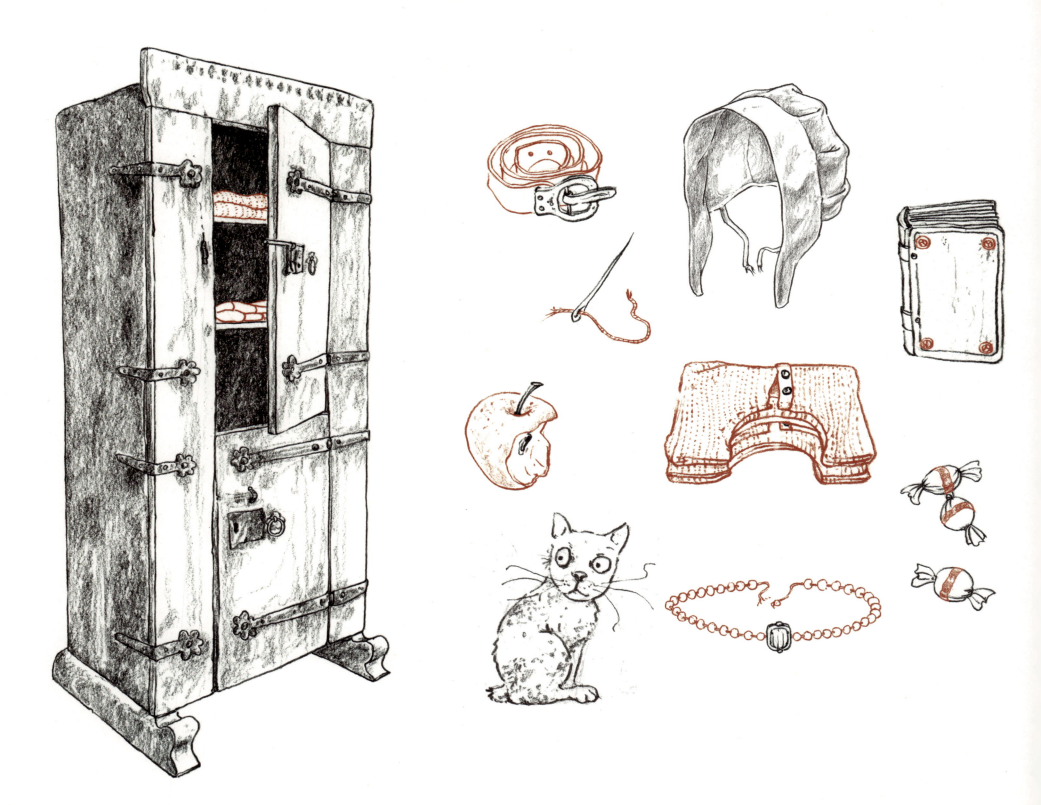

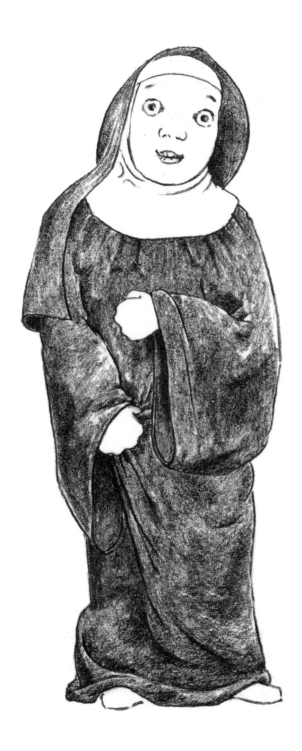

Den Schrank benutzt Hilda nicht allein. Sie muss ihn sich mit einer anderen Nonne teilen. Alle Dinge, die ihr Eigentum sind, passen in das obere Schrankfach. Dazu gehören ein Gewand zum Wechseln, ein zweiter Gürtel und zwei neue Unterkleider. Hilda bewahrt ein Buch mit Geschichten von Heiligen und zwei Bücher mit Liedern und Gebeten und ein paar kleine gemalte Bildchen mit christlichen Motiven im Schrank auf. Mehr hat sie nicht, denn im Kloster gilt es für Hilda, in Armut zu leben. Dieser Regel müssen alle Nonnen folgen. Ihre Kleider, Tücher und Hauben aus Samt und Seide, die sie früher trugen, haben im Kloster nichts mehr zu suchen, auch nicht ihr edler Schmuck. Schaut auf die gegenüberliegende Seite: Welche Dinge gehören in den Schrank und welche wohl eher nicht?

Im Kloster kleiden sich alle Schwestern in ein einfaches schwarzes Gewand, eine Art weiten Mantel, der auch Kutte oder Habit genannt wird. Darunter tragen sie ein mit einem Gürtel zusammengebundenes Unterkleid. Ein Schleier bedeckt ihren Kopf. Hilda merkt immer mehr, dass dieser Verzicht auf Reichtum seinen Sinn hat, dass es gut ist, wenn alle untereinander gleich sind. Wenn man nicht viel besitzt, kann man sich viel besser auf seine Aufgaben konzentrieren. Man wird nicht so schnell abgelenkt. Hilda kann so ihrer wichtigsten Aufgabe ungeteilt nachgehen: ein besonders gutes Leben für Gott zu führen.

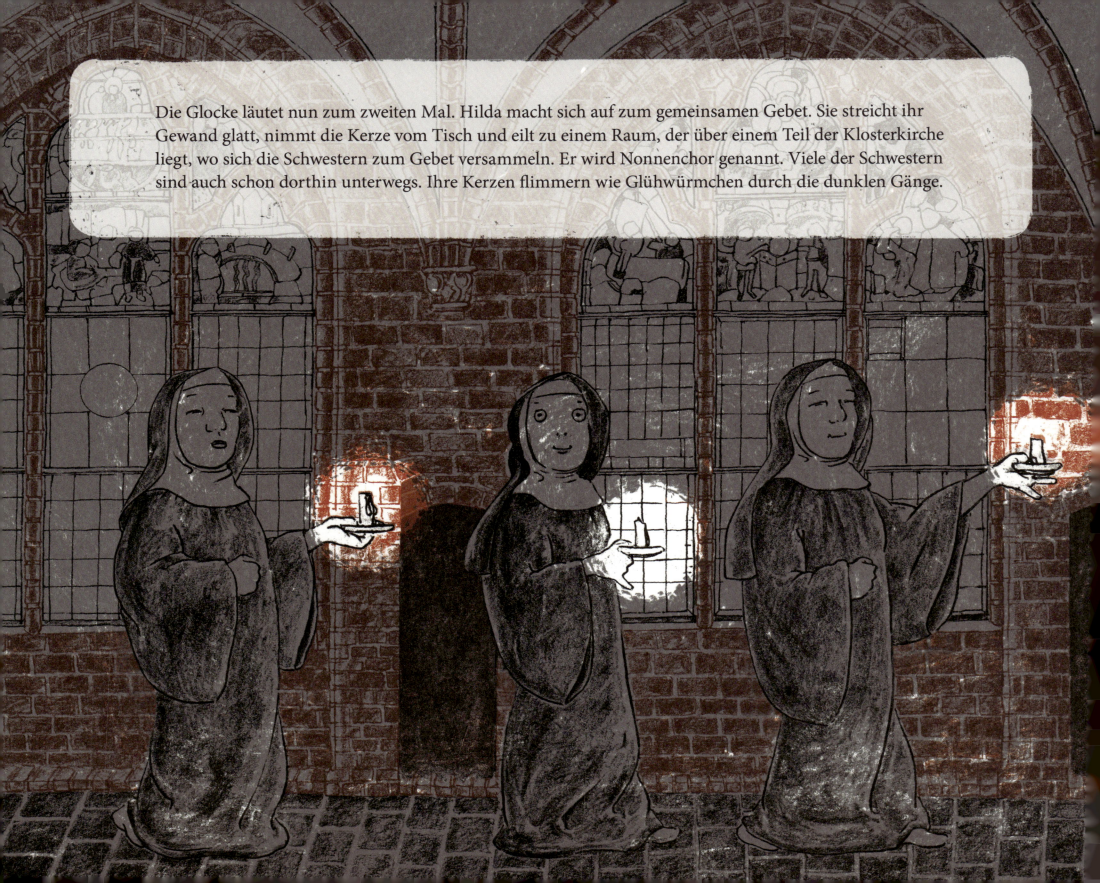

Die Glocke läutet nun zum zweiten Mal. Hilda macht sich auf zum gemeinsamen Gebet. Sie streicht ihr Gewand glatt, nimmt die Kerze vom Tisch und eilt zu einem Raum, der über einem Teil der Klosterkirche liegt, wo sich die Schwestern zum Gebet versammeln. Er wird Nonnenchor genannt. Viele der Schwestern sind auch schon dorthin unterwegs. Ihre Kerzen flimmern wie Glühwürmchen durch die dunklen Gänge.

Pünktlich um sechs Uhr früh sitzen sie alle auf ihren Plätzen im Chorgestühl. So heißen die hölzernen Bänke, die seitlich an den Wänden des Nonnenchores stehen. Auf ein Zeichen der Priorin erheben sich die Nonnen, verneigen sich und beginnen ihr erstes gemeinsames Gebet des neuen Tages. Sie nennen dieses Gebet das Morgenlob, dem sofort im Anschluss die zweite Gebetszeit folgt. Hilda liebt diesen Augenblick. Aus der Stille der Nacht ertönen die Stimmen ihrer Schwestern auf der gegenüberliegenden Seite des Chorgestühls. „O Gott komm mir zur Hilfe" singen sie hell und klar. Nun ist die andere Seite mit Hilda an der Reihe:

„Herr, eile mir zu helfen" klingt es aus den Mündern. Mit geschlossenen Augen lauscht Hilda dem Beginn des ersten Psalms. Vier solcher Lieder aus dem Alten Testament, die Gott loben, werden am Morgen von den Nonnen gesungen. Immer im Wechsel singen sie einander Vers für Vers zu. Doch das schönste Lied, findet Hilda, kommt immer zum Schluss des Morgengebetes. Mit Stimmen, die wie Engel klingen, begrüßen die Nonnen darin die aufgehende Sonne – damit ist Jesus Christus gemeint. In diesem Moment bricht das erste Morgenlicht durch die Fenster im Nonnenchor. Hilda freut sich auf den neuen Tag und bittet darum, dass heute alles gut gelingen möge.

Der Fußboden des Nonnenchores ist inzwischen mehr als 600 Jahre alt. Unzählige Nonnen sind über die noch immer glänzenden Fliesen gegangen. Man sieht aber auch Abdrücke von Hunde- und Katzenpfoten im Fußboden. Diese Spuren sind so alt wie der Fußboden selbst. Als seine Fliesen nämlich vor Jahrhunderten in einer Ziegelhütte hergestellt wurden, formte man zuerst die Platten aus Ton und legte sie zum Trocknen an die frische Luft. Die umherstreunenden Tiere liefen einfach über die noch feuchten Tonplatten. Dabei sanken sie leicht mit ihren Pfoten ein. Nach dem Trocknen wurden die Fliesen bei sehr hoher Temperatur in einem Ofen gebrannt. So wurden sie hart und fest und die Pfotenabdrücke blieben erhalten.

Solche Teppiche, die auch Banklaken heißen, hingen auf dem Nonnenchor und schmückten die Wände über dem Chorgestühl. Dort wurden sie zu besonderen Anlässen, wie zum Beispiel zu Weihnachten oder Ostern, aufgehängt. Die Nonnen stickten diese Banklaken selbst. Aus bunter Wolle auf Leinenstoff entstanden hier sechs große Tiere. Von links nach rechts tummeln sich auf dem langen, schmalen Teppich ein Hirsch, ein Adler, ein Stier, ein Drache, ein Steinbock und sogar ein Einhorn. Viele der Tiere stehen als Symbole für Jesus Christus, das fabelhafte Einhorn aber ist ein Bild für Maria, die Mutter von Jesus. Über und unter diesen Tieren bilden Drachen zwei lange Reihen, oben stehen sie auf dem Kopf. Entweder ihre Schwänze sind ineinander verschlungen, oder zwei beißen in den Stiel eines Blattes. Die sonst so gefährlichen Drachen sehen hier doch ganz friedlich aus, oder?

Auch nach den langen Morgengebeten bleiben die Schwestern noch weiter zusammen auf dem Nonnenchor, denn in der Kirche wird nun von Propst Matthias eine heilige Messe gefeiert. In die Kirche sind nicht nur die Bediensteten des Klosters gekommen, sondern auch viele Pilger, die an der Messe teilnehmen. Gern würde Hilda unten im Kirchenraum sein, aber dorthin dürfen die Nonnen nicht. Eine große Schranke aus Backsteinen versperrt ihnen sogar die Sicht in die Klosterkirche, doch wenigstens können sie durch die Schlitze in der Schranke hören, was während der Messe gesagt und gesungen wird, und sie können den Weihrauch riechen. Hilda stellt sich die Kirche prächtig vor.

Wenn man heute in Kirchen geht, dann staunt man schon über die großen Räume und ihre Einrichtung. Aber wie müssen sich erst die Menschen im Mittelalter dabei gefühlt haben? Aus ihrem einfachen, oft sogar armen Leben betraten sie die riesigen Gotteshäuser voller Pracht und Reichtum. Überall brannten Kerzen und beleuchteten auf geheimnisvolle Weise all die Gefäße aus Gold und Silber, die zu besonderen Anlässen verwendet wurden oder auf den vielen Altären standen. Jeder Altar war mit gemalten Bildern und kostbaren Stoffen geschmückt, die Priester trugen teure und aufwendig bestickte Gewänder. Teppiche hingen an den Wänden des Kirchenraumes, der in vielen Teilen auch noch farbig ausgemalt war. Das Licht, das durch die bunten Fenster fiel, verzauberte den Raum noch mehr. Die Menschen müssen wohl gedacht haben, sie sind in einer anderen Welt. Vielleicht stellten sich viele von ihnen so das Paradies vor. Einige kostbare Kunstwerke, die schon im Mittelalter die Ebstorfer Kirche schmückten, sind auf diesen Seiten versammelt.

Fast 800 Jahre alt ist dieses feine Schnitzbild aus Eichenholz. Es zeigt Maria, die das Jesuskind auf ihrem Schoß hält. Die Gottesmutter sieht wie eine Königin aus. Sie trägt ein prächtiges Kleid, hat eine Krone auf dem Kopf und ein Zepter in der Hand. Wie eine Herrscherin sitzt Maria auf einem breiten Thron. Das Bildnis stand auf einem Altar in der Kirche. Viele Menschen kamen nach Ebstorf, um es anzuschauen und vor ihm zu beten.

Der goldene Leuchter ist mehr als 600 Jahr alt. Auf seinen drei Armen brannten Kerzen. Am Fuß des Leuchters sind Drachen zu erkennen. Die Drachen sind ein Zeichen der bösen Mächte, die aber vom Licht des Leuchters vertrieben werden. Sie sehen auch so aus, als ob sie fliehen würden.

Noch älter als der Leuchter ist das Taufbecken. Es wurde schon vor mehr als 700 Jahren aus Bronze gegossen. Da die Täuflinge im Mittelalter tatsächlich mit dem ganzen Körper in das Wasser getaucht wurden, mussten die Becken auch wirklich groß sein.

Nach den Morgengebeten, der heiligen Messe und einem kleinen Frühstück versammeln sich alle Nonnen in einem großen Raum des Klosters, im Kapitelsaal. Jeden Tag liest eine andere Schwester dort einen Abschnitt – ein Kapitel – aus einem besonderen Buch vor. In diesem Buch stehen alle Regeln, nach denen die Nonnen im Kloster leben sollen. Heute nun steht Hilda das erste Mal hinter dem Lesepult.

Nun ist sie an der Reihe. Hilda richtet sich auf, holt noch einmal tief Luft und beginnt mit etwas zittriger Stimme zu lesen: „Öffnen wir unsere Augen dem göttlichen Licht, und hören wir mit aufgeschrecktem Ohr, wozu uns die Stimme Gottes täglich mahnt und aufruft ..." Hilda liest und liest weiter, natürlich in Latein, ohne einen Fehler zu machen. Sie merkt, wie ihre Stimme dabei immer kräftiger wird. Wie stolz ist Hilda, als Priorin Dorothea ihr nach der Lesung hinter den Brillengläsern zuzwinkert und dabei ein Lächeln über ihr Gesicht huscht. In der nächsten Sekunde aber blickt die Priorin schon wieder sehr streng. Sie muss wie jeden Tag noch über wichtige Dinge sprechen, die im Kloster zu tun sind, auch über Probleme. Manchmal kommt es sogar vor, dass die Priorin einzelne Nonnen bestrafen muss, die sich nicht an die Klosterregeln gehalten haben.

Nach der Lesung im Kapitelsaal macht sich Hilda auf den Weg in die Bibliothek. Sie denkt dabei immer wieder an die Worte, die sie gelesen hat. Sie begleiten sie durch den ganzen Tag. Hilda betritt die Bibliothek. Vor ihr öffnet sich eine Schatzkammer des Wissens. Auf Pulten, in Schränken und Kisten liegen die vielen kostbaren Bücher, in denen die Nonnen lesen dürfen. Dazu gehören Bibeln und Bücher, die erklären, was in der Bibel steht, darüber hinaus Gebet,- Lieder- und Schulbücher, aber auch Bücher über Medizin und Sternenkunde. Hilda würde am liebsten alle gleichzeitig aufschlagen, so fasziniert ist sie von den Welten, in die sie beim Lesen eintauchen kann. Sie weiß auch, dass dieses Verstehen von Texten, die hauptsächlich in lateinischer Sprache geschrieben sind, ein sehr großes Geschenk ist.

Heute schlägt Hilda ein wirklich spannendes Buch auf. Es gehört zu einem großen Lexikon, das ein Mann mit Namen Isidor von Sevilla im 7. Jahrhundert geschrieben hat. Darin versammelt Isidor das gesamte Wissen seiner Zeit und beschreibt die damals bekannte Welt. Staunend liest Hilda Wort für Wort und betrachtet neugierig eine Weltkarte, die sich auch in dem Buch findet. Doch dann muss Hilda aufhören, die Glocke läutet zum nächsten Gebet. Wieder versammelt sie sich mit ihren Schwestern auf dem Nonnenchor. Danach aber hat sie noch Zeit, weiter in Isidor von Sevillas Buch zu lesen.

iele der Bücher, die bis heute im Kloster Ebstorf erhalten blieben, wurden von den Nonnen selbst mit der Hand geschrieben und mit Bildern geschmückt. Deshalb heißen solche Bücher auch Handschriften. Dazu gehört eine Handschrift, die Material für den Schulunterricht bietet. Darin sind zum Beispiel zwei mehr als 500 Jahre alte, bunt ausgemalte Federzeichnungen zu finden. Sie waren für die Schülerinnen im Musikunterricht gedacht.

Die erste Zeichnung zeigt eine große Hand. Auf jedem Fingerglied ist ein Ton angegeben, und auf der Handfläche stehen verschiedene Merkverse. Das half den Schülerinnen dabei, Gesänge und Melodien besser einüben zu können. Links von der Hand spielt eine Nonne auf einer blauen Handorgel. Oberhalb des Daumens steigen zwei Böcke an einem Baumstamm empor. Offenbar wollen sie den in der Baumkrone nistenden Vogel stören. Rechts der Hand sitzt eine zweite Nonne. Sie hält auf ihrem Schoß ein aufgeschlagenes Buch mit Noten, daraus übt sie mit einer vor ihr sitzenden Schülerin das Singen. Mitsingen möchte wohl einer der Störche im Nest über dem Kopf der Lehrerin. Ein zweiter Storch versorgt hingegen die hungrigen Jungtiere im Nest mit Futter.

Auf der zweiten Zeichnung sind sieben Türme wie eine Treppe angeordnet. In jedem Turm steht eine sechsstufige Tonleiter mit den Silben ut–re–mi–fa–so–la. Rechts von den Türmen tummeln sich viele Tiere. Da jagen zum Beispiel zwei Hunde einen Hasen, oder zwei angeleinte Hunde springen um einen Baum, in dessen Krone ein Vogel seine Jungen füttert. Ganz unten führen zwei Schülerinnen unter der Aufsicht von zwei Nonnen in einem geschlossenen Garten Hasen an einer Leine spazieren, in den blühenden Bäumen sitzen Vögel. Rechts oben auf der Seite hockt ein Hase zwischen zwei Eichhörnchen. Links davon schauen zwei Tiere in einen Spiegel: eine Eule und ein Affe. Die Eule gilt als Inbegriff der Weisheit, der Affe hingegen ist ein Symbol für die Eitelkeit, steht aber auch für Albernheit und Dummheit. Die Schülerinnen, die die Zeichnung im Musikunterricht anschauten, konnten sich fragen, wem sie wohl lieber nacheifern sollten: der weisen Eule oder dem dummen Affen.

Doch nicht nur die Zeichnungen für den Musikunterricht geben einen Einblick in das Lernen an der Ebstorfer Klosterschule. In einer weiteren Handschrift hat sich sogar ein Übungsheft erhalten, in dem Klosterschülerinnen in lateinischer Sprache über den Verlauf des Unterrichts und ihren Lebensalltag berichten.

ildas Zeit in der Bibliothek ist vorüber. Nur schwer kann sie sich von den Erzählungen des Isidor von Sevilla trennen. Etwas ärgerlich schlägt sie das Buch zu. Sie soll der Scholastica – so das lateinische Wort für Lehrerin – Bücher in den Unterricht bringen. Dazu gehört auch das Buch, in dem Hilda gerade gelesen hat.

In der Klosterschule sitzen die Schülerinnen voller Staunen vor einer riesigen Weltkarte. Mit einer Größe von fast 13 m² ist die Karte größer als Hildas Zelle im Schlafhaus. Scholastica Sophia erklärt mit Hilfe der Karte die Welt, die hier nicht rund wie ein Globus ist, sondern wie eine Scheibe aussieht. Auf dieser Scheibe liegen die drei Kontinente Asien, Afrika und Europa. Amerika und Australien kannte man noch nicht, als die Karte in der Zeit um 1300, also vor mehr als 700 Jahren, gemalt wurde.

Die Karte wirkt wie ein großes Wimmelbild: Meere, Flüsse, Inseln, Gebirge, Städte, merkwürdige Fabelwesen und fast 60 Tiere kann man darauf entdecken. Dazwischen stehen unzählige lateinische Texte. Sophia liest den Schülerinnen einige von ihnen vor. Es sind Texte aus Isidor von Sevillas Buch, das Hilda gerade so begeistert gelesen hat. Isidors Texte waren sehr wichtig, um die Karte herstellen zu können und die Welt verstehen zu lernen. Hilda erinnert sich an ihre eigene Schulzeit, an die Stunden, in denen auch sie die spannende Ebstorfer Weltkarte angeschaut hat.

Bevor die Schulstunde zu Ende ist und sie mit den anderen Schwestern zum Mittagsgebet geht, liest Sophia noch den Text zum Löwen auf der Karte vor. In deutsche Sprache übersetzt, lautet er: „Man sagt, es gebe zwei Arten von Löwen. Von denen sind die mit kurzer und krauser Mähne friedlich, die mit langer und glatter Mähne grimmig. [...] Beim Schlafen bleiben die Augen des Löwen offen. Auf der Flucht verwischen sie mit dem Schwanz ihre Spur, damit sie der Jäger nicht findet. Ein neugeborenes Löwenkind schläft, so sagt man, drei Tage und Nächte. Danach wird es vom Geschnaube oder Gebrüll des Vaters aufgeweckt und öffnet die Augen. Dem Menschen gegenüber geraten die Löwen von Natur aus nicht in Zorn, außer wenn sie verletzt sind. Ihre Gutartigkeit offenbart sich immer wieder. Wer sich vor ihnen als Gefangener zu Boden wirft, den verschonen sie vor dem Verderben. Selbst bei größtem Hunger fallen sie den Menschen nicht an." Ob das wohl alles stimmt?

Nach dem Gebet eilt Hilda die Treppen zum Kreuzgang hinunter. Ihr Ziel ist der Speisesaal. Nun ist es endlich Zeit, Mittag zu essen, die erste richtige Mahlzeit am Tag. Hilda ist schon ganz hungrig, denn seit ihrem winzigen Frühstück, zu dem es nur ein Stück Brot und warmen Kräutertee gab, hat sie nichts mehr gegessen. Erst noch schnell die Hände waschen. Endlich steht Hilda an ihrem Platz. Sie spricht mit ihren Schwestern ein Tischgebet, in dem sie Gott für den reich gedeckten Tisch danken: „Aller Augen warten auf Dich, o Herr, und du gibst uns Speise zur rechten Zeit. Du tust deine Hand auf und sättigst alles, was lebt, mit Wohlgefallen. Amen." Dann setzen sie sich. In den Schüsseln auf den langen Holztischen dampft frisches Gemüse, und das noch warme Brot duftet herrlich. Dazu gibt es Forellen.

Wenn wir heute zusammen essen, dann erzählen wir am Tisch, und jeder berichtet, was er erlebt hat. Ja, wir lachen sogar beim Essen. In einem mittelalterlichen Kloster lief das jedoch ganz anders ab. Hier durfte während der Mahlzeiten nicht gesprochen werden, und nur eine Nonne las etwas vor, zum Beispiel aus der Bibel oder Geschichten von Heiligen. Natürlich auf Latein. Hilda lauscht der Lesung und fühlt sich sehr wohl. Ihr Magen füllt sich, und sogar ihre kalten Füße werden wieder warm, denn im Refektorium gibt es tatsächlich eine Fußbodenheizung.

Wie schon gesagt: Es war die Pflicht des Propstes und seiner Bediensteten, alle Lebensmittel für die Nonnen zu besorgen und die Speisen für sie zuzubereiten. Das Gemüse, die Kräuter und das Obst dafür kamen aus den Gärten, die dem Kloster gehörten. Getreide wurde in einer eigenen Mühle gemahlen und in das Backhaus oder die Küche geliefert. Auch Eier, Milch und Butter kamen frisch vom Wirtschaftshof. Auf dem Speiseplan der Ebstorfer Nonnen stand nur sehr selten Fleisch von Rindern, Schweinen oder Schafen. Vor allem aßen sie Geflügel, am meisten aber Fisch, der in den zahlreichen Klosterteichen gezüchtet wurde. Nudeln und Reis gab es noch nicht, dafür Getreidebreie, die vor allem am Abend gegessen wurden. Gewürze wie Salz und Pfeffer, aber auch Nüsse und Rosinen waren sehr teuer und exotischere Gewürze wie Zimt, Piment und Curry fast unbezahlbar. Trotzdem muss es gerade zu besonderen Feiertagen, wie zu Ostern, Pfingsten oder Weihnachten, richtige Festessen mit raffiniert gewürzten Speisen gegeben haben. Man weiß, dass an solchen Tagen sogar Bratäpfel aus dem Ofen kamen. Aber an Eis und süße Sahnetorten war nicht zu denken.

Und was tranken die Nonnen? Wasser war im Mittelalter nicht so sauber wie heute, wir können es ja sogar aus dem Wasserhahn trinken. Für die Nonnen gab es daher vor allem stark verdünntes Bier, das in der eigenen Klosterbrauerei hergestellt wurde, Tee und manchmal sogar Wein. Kaffee und Kakao kannten sie jedoch genauso wenig wie Apfelschorle oder Orangenlimonade.

Nach einer kleinen Mittagspause, die Hilda in ihrer Zelle mit Beten und Lesen verbracht hat, trifft sie sich am Nachmittag mit ihren Schwestern im Kreuzgang. In Gebeten versunken, schreiten die Nonnen durch seine Gänge – jede für sich allein. Es ist nicht etwa so, dass die Schwestern miteinander plaudern und Späße machen. Nein, sie schweigen. Die Nonnen trainieren wirklich, still zu sein. In dieser Stille, glauben sie, können sie sich am besten auf Gott konzentrieren.

Hilda liebt den Kreuzgang, hier gibt es so viel zu entdecken. Wunderschöne Schmucksteine in den Gewölben und an den Wänden zeigen Heiligenfiguren, Engel, Tiere und Pflanzen und manchmal sogar kleine Geschichten. Und es gibt noch mehr Geschichten, die Hilda auf ihrem Weg durch den Kreuzgang begleiten. Bunt leuchten sie in den Glasmalereien der Fenster, als ob sich ein riesiges Bilderbuch vor Hildas Augen öffnet, und sie nimmt sich immer wieder Zeit, die Glasmalereien genau zu betrachten.

Heute bleibt Hilda vor dem Fenster mit der Auferstehung Christi stehen. Im viereckigen Fensterfeld sieht sie Christus, wie er aus seinem Grab steigt. Er ist in ein weiß-grünes Manteltuch gekleidet, um seinen Kopf legt sich ein grün-goldener Heiligenschein. In seiner linken Hand hält Christus einen Kreuzstab, an dem eine goldene Fahne flattert. Seine rechte Hand hat er im Segensgestus erhoben. Zeugen der Auferstehung sind drei Engel: Einer von ihnen hebt die schwere Deckplatte des Grabes an, ein zweiter greift nach einem Tuch im Grab, und der dritte Engel schwenkt ein Weihrauchfass. Die drei römischen Soldaten, die das Grab Christi bewachen sollten, verpassen hingegen das wundersame Ereignis, sie scheinen zu schlafen. Die Auferstehung, die jedes Jahr zu Ostern gefeiert wird, passierte am dritten Tag nach der Kreuzigung Christi. Christus wurde durch Gott von den Toten wieder auferweckt und besiegte damit den Tod.

Hilda betrachtet das nächste Fensterbild über der Auferstehung. Wie Christus wird auch in diesem Bild jemand befreit – aber nicht aus einem Grab, sondern aus dem Maul eines riesigen Fisches. Es ist ein Mann mit dem Namen Jona. Seine Geschichte steht im Alten Testament geschrieben: Jona bekommt von Gott die Aufgabe, in die Stadt Ninive zu gehen und dort zu predigen. Jona aber hat darauf keine Lust und tut einfach nicht, was Gott ihm sagt. Lieber möchte er eine Schiffsreise an einen Ort machen, der weit weg ist von Ninive. Er findet ein Schiff und sticht mit diesem in See. Mitten auf dem Meer gerät das Schiff in einen mächtigen Sturm, es droht unterzugehen. Jona weiß, dass Gott dieses Unwetter aus Ärger geschickt hat, weil er seinem Auftrag nicht gefolgt ist. Und Jona spricht zu den Matrosen: „Werft mich ins Meer. Dann hört der Sturm auf." Aus Angst um ihr Leben werfen sie Jona ins Meer. Gott aber lässt ihn nicht ertrinken, sondern schickt einen großen Fisch. Dieser tötet Jona nicht, sondern nimmt ihn in seinen Bauch auf. Und tatsächlich wird das Meer sofort wieder still. Jona betet im Bauch des Fisches und fleht zu Gott, dass er ihn erretten möge. Nach drei Tagen spuckt ihn der Fisch wieder aus. Genau diesen Moment zeigt die Glasmalerei. Jona freut sich, dass er am Leben ist, und macht sich nun auf in die Stadt Ninive, um den Auftrag Gottes zu erfüllen. Hilda ist jedes Mal wieder von dieser Geschichte begeistert. Erneut läutet die Glocke zum Gebet.

Beten und Arbeiten, das sind die wichtigsten Aufgaben für Hilda und ihre Schwestern. Mehrere Stunden am Tag verbringen sie gemeinsam mit Gebet, Bibellesung und dem Singen von Psalmen auf dem Nonnenchor. Jede Nonne aber betet und liest auch noch allein in ihrer Zelle. Dafür muss man sehr diszipliniert sein. Denn etwa sechs Stunden am Tag arbeiten die Nonnen, und dazu zählt nicht nur das Lesen wissenschaftlicher Bücher, sondern vor allem das Schreiben und eine Tätigkeit, die Hilda besonders gern mag. Die Nonnen stellen nämlich Handarbeiten her. Am späteren Nachmittag geht Hilda deshalb in die Werkstatt des Klosters. Hier stehen Webstühle, auf denen die Nonnen feine Stoffe oder bunte Teppiche weben. Woran Hilda aber die meiste Freude hat, ist das Sticken. Zusammen mit anderen Schwestern sitzt sie dafür an einem langen Holztisch und beugt sich über einen großen Streifen Leinenstoff, den sie mit bunter Wolle besticken.

In der Zeit, in der Hilda nun schon im Kloster ist, hat sie an vielen Stickereien mitgearbeitet. Es ist für sie ein großes Glücksgefühl, gemeinsam mit ihren Schwestern solche Kunstwerke herzustellen. Die schmücken nicht nur den Nonnenchor oder die Kirche, sondern werden teilweise sogar verkauft. Darauf ist Hilda sehr stolz, denn das heißt, dass sie und ihre Schwestern sehr gute Stickerinnen sein müssen. Und am Ende einer solchen Arbeit warten als Belohnung manchmal sogar Süßigkeiten auf die Nonnen. Für Hilda sind das ganz besondere Momente in einem Leben, das sonst doch sehr streng und nach ganz festen Regeln abläuft.

Besonders wertvoll waren Stickereien, für die Perlen verwendet wurden. Im Mittelalter gab es in der Gegend um Ebstorf und in der gesamten Lüneburger Heide Bäche, in denen Perlmuscheln lebten. Das war ein großer Schatz. Die Muscheln wurden abgefischt, geöffnet und die kleinen, weißen Perlen herausgenommen. Nun musste man sich beeilen, denn die Perlen brauchten ja ein Loch, um sie auf die Stickerei setzen zu können. Und nur, wenn Perlen noch ganz frisch sind, dann sind sie weich. In diesem Zustand wurden sie mit einer sehr dünnen Eisennadel durchbohrt. Die Nadel, die in einen Holzblock eingelassen war, wurde mit einem Schwungrad zum Rotieren gebracht und bohrte so das Loch in die Perle.

Die Stickerei auf dieser Seite ist schon mehr als 500 Jahre alt und zeigt die Geburt des Jesuskindes, das Weihnachtsbild. Es liegt als kleines nacktes Kind inmitten eines Kranzes aus gold-roten Strahlen und reckt die Arme seiner Mutter Maria entgegen. Auf dem Kleid der Maria sind noch einige Perlen zu finden. Auch die Krippe, hinter der Ochse und Esel stehen, das Gewand und den Hut Josefs wie den Rahmen des Bildes schmücken viele glänzende Flussperlen. Neben den Perlen, Seiden- und Goldfäden und Pailletten nähten die Nonnen auch noch Schmuckbleche und Edelsteine auf das Bild. Wie schön leuchtet doch der Stern von Bethlehem über der heiligen Familie!

Neben den Stickereien stellten die Nonnen aber auch andere Kostbarkeiten in ihrer Textilwerkstatt her. Dazu gehörten solche flachen Kissen. Über einer grünen bestickten Wiese wachsen vor einem golden glänzenden Hintergrund wunderschöne Kunstblumen. Dafür wurden um feine, gebogene Metalldrähte und natürliche Zweige farbige Seidenfäden gewickelt. Die roten und weißen Lilien sehen doch wie echte Blumen aus, oder?

Dazwischen wachsen sogar Erdbeeren, die weiße Blüten und rote Früchte tragen. In der linken oberen Ecke des Gartens verzweigen sich Äste, an denen Eichenblätter und Eicheln zu erkennen sind.

Zwischen die Pflanzen setzten die Nonnen kleine, in Seidenstoffe gehüllte Päckchen. In diesen Päckchen sind sogenannte Reliquien eingewickelt. Reliquien sind Überreste, zum Beispiel Knochen, oder Andenken von Heiligen. Die Namen der Heiligen, von denen die Reliquien stammen sollen, wurden auf weiße Zettelchen geschrieben, die zwischen den Ästen hängen. Die Reliquien der Heiligen bekamen immer einen besonderen Platz, weil sie so wertvoll waren und man sie verehrte. Sie durften daher in diesen wunderschönen Gärten, die wie das Paradies aussehen, „wohnen". Über zwanzig solcher Paradiesgärtlein entstanden vor mehr als 500 Jahren in Kloster Ebstorf. In unserer Zeit mussten viele von ihnen aufwendig repariert werden, da sie große Schäden zeigten.

Hilda reibt sich ihre müden Augen, so sehr musste sie sich beim Sticken konzentrieren. Sie verlässt die Werkstatt und folgt dem Glockenschlag, der zum nächsten Gebet ruft. Mit diesem Gebet, das Vesper genannt wird, endet für Hilda und ihre Schwestern das Tagwerk.

Danach essen die Nonnen als Abendbrot einen Getreidebrei, und nun ist es Zeit für Hilda, sich zu waschen. Natürlich kann sie sich nicht einfach unter eine Dusche stellen, denn so etwas gab es noch nicht, genauso wenig wie fließendes Wasser aus dem Hahn. Nein, es war beschwerlich: Das Wasser musste für die Nonnen geholt und erwärmt werden, und erst dann konnte man sich damit waschen.

Welche der hier gezeichneten Dinge kannten die Nonnen wohl schon?

In Ebstorf stand sogar ein Badehaus. Wie oft die Nonnen jedoch wirklich badeten, weiß man nicht. Doch sie taten es wohl öfter als in anderen Klöstern, in denen nur zu Ostern und zu Weihnachten ein Vollbad genommen werden durfte. Wohlriechende Schaum- und Duschbäder hatte man im Mittelalter natürlich noch nicht, dafür aber schon Seifen und sicher auch gut duftende Öle.

Ja, und wie war das mit dem Zähneputzen? Eine Zahnbürste, wie sie heute benutzt wird, besaß Hilda nicht. Auch gab es keine schäumende Zahnpasta, die nach Erdbeere oder Pfefferminz schmeckte. Man kaute auf Wurzeln, die einen Wohlgeruch entfalteten, und versuchte, die Zähne mit kleinen Lappen zu reinigen. Damit ist wohl klar, dass die Zähne viel eher als heute Karies bekamen und gezogen werden mussten oder einfach ausfielen.

Am Ende des Tages kommen noch einmal alle Schwestern auf dem Nonnenchor zusammen und beten die Komplet, das Nachtgebet. Dabei haben die Nonnen Zeit, auf den vergangenen Tag zurückzublicken. Vor Hildas Augen zieht ein ganz besonderer Tag vorbei – ihr erster Tag als richtige Nonne. Einen Moment wird sie wohl nie vergessen: Wie aufgeregt war sie, als sie das erste Mal im Kapitelsaal hinter dem Lesepult stand! Und Hilda stimmt mit ihren Schwestern in ein Lied ein, in dem sie von der Ruhe der Nacht singen und um den Schutz Gottes in der Nacht und um den Segen über die vollbrachte Arbeit bitten. Aus ihren Mündern klingen die Worte: „Bevor des Tages Licht vergeht, o Herr der Welt, hör dies Gebet: Behüte uns in dieser Nacht durch Deine große Güt und Macht."

Nachdem Priorin Dorothea den Nonnen den Segen erteilt hat, gehen sie nun schlafen. Hilda tritt in ihre Zelle, kniet sich auf die kleine Bank vor ihrem Fenster. In einem ganz persönlichen Gebet denkt sie wie an jedem Abend ganz fest an ihre Eltern und Geschwister und wünscht ihnen eine gute Nacht. Hoffentlich leuchten die Sterne auch bei ihnen so wunderbar, wie sie in Hildas Fenster strahlen. Erschöpft, aber von Freude erfüllt geht Hilda in ihr Bett, schlägt sich die Decke über den Kopf und genießt die Wärme, die der heiße Stein zu ihren Füßen ausströmt, den sie heute als Belohnung für ihr gutes Tagwerk bekommen hat.

Anja Preiß studierte von 1994 bis 2002 Kunstgeschichte an der Martin-Luther-Universität Halle-Wittenberg. Nach ihrer Arbeit am Institut für Orientalische Archäologie und Kunst der halleschen Universität und in der Domschatzverwaltung des Evangelischen Kirchspiels Halberstadt ist Anja Preiß seit 2007 als freiberufliche Kunsthistorikerin tätig. Für Kloster Ebstorf schrieb sie schon folgende Bücher: „Die Ebstorfer Weltkarte. Reise in eine mittelalterliche Welt" und „Wege im Licht des Heils. Die mittelalterlichen Glasmalereien im Kreuzgang des Klosters Ebstorf". Anja Preiß lebt und arbeitet in Garlstorf.

Ulrike Meyer studierte von 1997 bis 2002 Design an der Burg Giebichenstein Kunsthochschule Halle. Von 2002 bis 2007 arbeitete sie als künstlerische Assistentin im Fachbereich Design an der Burg Giebichenstein. Seit 2007 ist sie freischaffend als Grafikdesignerin, Ausstellungsgestalterin und freie Künstlerin tätig. Unter anderem gestaltete Ulrike Meyer für Kloster Ebstorf die Bücher zur Ebstorfer Weltkarte und zu den mittelalterlichen Glasmalereien. Sie lebt und arbeitet in Halle (Saale).

Robert Voss studierte von 1991 bis 1997 Malerei und Grafik an der Burg Giebichenstein Kunsthochschule Halle und der UMPRUM Prag. Von 1999 bis 2002 arbeitete er als Ausstatter und Grafiker am Puppentheater Halle. Seit 2003 ist er freiberuflicher Zeichner, Grafiker, Illustrator und Autor. Robert Voss hat mehrere Bücher veröffentlicht, unter anderem „Ezzas Laden" und „SchönSchön". Er lebt und arbeitet in Halle (Saale). www.robertvoss-poster.blogspot.com

Abbildungsnachweis

Joachim Blobel, Halle (Saale): Ebstorfer Weltkarte, Glasmalerei.
Klosterarchiv Ebstorf, Wolfgang Brandis: Handschrift V3, fol. 200v/201r.
Klosterkammer Hannover, Bau- und Kunstpflege, Corinna Lohse: Sitzmadonna.
Klosterkammer Hannover, Textilrestaurierungswerkstatt, Tanja Weißgraf und Wiebke Haase: Banklaken, Perlstickerei, Paradiesgärtlein.
Anja Preiß, Garlstorf: Fußboden des Nonnenchores, Standleuchter, Taufbecken.

Impressum

Hilda. Vom Leben einer Nonne im Mittelalter
Ebstorf: Kloster Ebstorf 2018
Redaktion: Petra Janke und Barbara Pregla
Herausgeber: Kloster Ebstorf
Druck: druckhaus köthen GmbH & Co. KG, Köthen

ISBN-Nummer: 978-3-926655-66-0
1. Auflage 2018
© 2018 Kloster Ebstorf
Alle Rechte vorbehalten